2009 年
中国人权事业的进展

（2010 年 9 月）

中 华 人 民 共 和 国
国务院新闻办公室

人 民 出 版 社

目　录

前　言

2009 年是进入新世纪以来中国经济发展最为困难的一年。在这一年里，面对国际金融危机的巨大冲击和严峻复杂的经济形势，中国政府坚持以人为本的科学发展观，把妥善应对国际金融危机、保持经济平稳较快发展与促进人权事业发展有机结合起来，全面实施保增长、调结构、促改革、惠民生的一系列政策措施，有效遏制经济增长明显下滑的态势，在全球率先实现经济回升向好，同时推动中国人权事业取得了新的重大进展。

在这一年里，中国政府颁布实施了《国家人权行动计划（2009—2010 年）》。这是中国政府制定的第一个以人权为主题的国家规划，是指导和推动中国人权事业全面发展的纲领性文件。计划将尊重和保障人权的宪法原则贯彻到政治、经济、文化和社会建设各个领域，贯穿于立法、执法、司法和执政、行政各个环节，明确规定了中国政府促进和保护人权的工作目标和具体措施。一年多来，《国家人权行动计划（2009—2010 年）》得到全面有效的实施，公民人权意识得到普遍提高,人权事业得到全面推进。

中国是一个拥有 13 亿人口的发展中大国。由于发展不足和发展不平衡,中国的人权状况还存在着一些不如人意的地方。中国政府正在采取有力措施推动科学发展、促进社会和谐,为实现社会更加公正和谐,人民生活更有尊严、更加幸福而努力。

为增进国际社会对中国人权状况的了解,现将 2009 年中国人权事业进展情况公布如下。

一、人民的生存权和发展权

2009年,中国政府为应对国际金融危机的冲击,投入4万亿元,着力促民生、保增长、调结构,促进社会经济平稳较快发展,取得显著成效。据统计,2009年,国内生产总值达到34万多亿元,比上年增长9.1%。粮食产量5.31亿吨,再创历史新高,实现连续第六年增产。中国人民的生活水平在经济社会发展的基础上有了进一步的提高。

居民生活条件继续得到改善。2009年,中国农村居民人均纯收入为5153元,城镇居民人均可支配收入为17175元,分别比上年实际增长8.5%和9.8%。农村居民家庭恩格尔系数(即居民家庭食品消费支出占消费总支出的比重)为41%,城镇居民家庭恩格尔系数为36.5%。2009年,国家安排专项建设资金550.56亿元,基本建成各类保障性住房200万套,改造国有林区、垦区、煤矿棚户区和部分城市棚户区住房130万套,居民住房条件得到改善。到2009年底,全国民用轿车保有量3136万辆,比上年增长28.6%,其中私人轿车2605万辆,增长33.8%。全国固定及移动电话用户总数达到 106107 万户,比上年末增加 7947 万户,电话普及率达到每百人 79.9 部。全年国内出游人数达 19 亿人次,比上年增长 11.1%。国内居民出境人数达 4766 万人次,增长 4%。

国家加大扶持力度,促进农业发展、农村建设和农民增收。2009 年,国家先后出台《关于 2009 年促进农业稳定发展农民持续增收的若干意见》和《关于当前稳定农业发展促进农民增收的意见》,中央财政投入资金 7253 亿元,比上年增长 21.8%,有力地促进了农民生活条件的改善。2009 年,80 万户农村危房得到改造,9.2 万户游牧民实现了定居,6069 万农村人口饮水安全问题得到解决。2000 年至 2009 年全国累计解决 2.25 亿农村人口的饮水安全问题,提前 6 年实现了联合国提出的"2015 年前无法可持续获得安全饮水人口比例减半"的发展目标。

国家高度重视改善贫困人口的生产生活条件。2009 年,国家投入扶贫资金 197.3 亿元,比上年增加 30 亿元,通过财政贴息调动信贷扶贫资金投入 252 亿元。2009 年,国家将农村扶贫标准提高到每人每年 1196 元,扶贫开发对象覆盖 4007 万人。到 2009 年底,农村贫困人口减少到 3597.1 万人,占农村人口的 3.8%。国家扶贫开发工作重点县农民人均纯收入从 2008 年的 2611 元增加到 2842 元，增幅高于全国农村平均水平。

　　国家完善公共卫生体系，提高人民的健康水平。2009年，全国卫生总费用达 17204.81 亿元，人均卫生费用 1192元，卫生总费用占国内生产总值比重达 4.96%。国家安排基层医疗服务体系建设资金 217 亿多元，支持 986 个县级医院（含中医院）、3549 个中心乡镇卫生院、1154 个社区卫生服务中心建设，另拨付基层医疗卫生机构设备购置补助资金 17.3 亿元。全年共为农村 1126 万名孕产妇住院分娩实施补助，为 1186 万左右农村生育妇女孕前 3 个月和孕早期 3 个月免费补服叶酸，为 200 万农村妇女进行宫颈癌检查，为 2800 多万 15 岁以下人群补种乙肝疫苗。2009 年，全国"百万贫困白内障患者复明工程"项目完成 21 万余例次手术，对 3 万处农村饮水安全集中供水工程进行水质卫生监测。到 2009 年底，全国艾滋病抗病毒治疗工作已覆盖 31个省（自治区、直辖市），累计治疗艾滋病病人 79946 例、艾滋病患儿 1793 人。2009 年，国家迅速启动应急响应机制，有效防止甲型 H1N1 流感的传播。据统计，目前全国共有卫生机构 28.9 万个，卫生技术人员 522 万人，医院和卫生院床位 396 万张，乡镇卫生院床位 91 万张。中国居民人均望寿命 73 岁,全国孕产妇死亡率为 31.9/10 万,婴儿死亡率为 13.8‰。

国家加强安全生产法制建设和监管工作。2009 年,国家颁布了《作业场所职业健康监督管理暂行规定》等 12 个部门规章,制定修改了 53 项安全生产标准和煤炭行业标准,进一步强化了对从业人员工作环境的安全防护。2009 年,全国 18 个省(自治区、直辖市)建立了专门的安全生产执法队伍,所有地市级政府和 97% 的县级政府成立了安全监管机构,75% 的乡镇(街道)设立了专职或兼职安全生产工作机构。煤矿安全监察系统增设了 5 个监察分局,全年全国生产安全事故责任追究处理 29880 人。2009 年,全国安全事故总起数、死亡人数同比减少 34930 起、7980 人,分别下降 8.4% 和 8.8%。特别重大事故起数和死亡人数同比分别下降 50% 和 56.1%。亿元国内生产总值生产安全事故死亡人数为 0.248 人,同比下降 16.7%。在 2010 年 3 月 28 日的山西王家岭矿难中,有 153 名矿工被困井下,经过 8 天 8 夜的救援,成功救出 115 名矿工,创造了中国矿山事故抢险救援史上的奇迹。

二、公民权利和政治权利

2009 年，中国政府继续把保障公民权利和政治权利贯穿于政治文明建设之中，进一步加强民主法治建设，努力扩大公民有序的政治参与，保证人民当家作主的权利。

在中国，人民行使国家权力的机关是全国人民代表大会和地方各级人民代表大会。全国人民代表大会及其常委会行使国家立法权。2009 年 1 月至 2010 年 3 月，全国人大及其常委会共审议了 25 件法律和有关法律问题的决定草案，通过了 18 件，修改了选举法、邮政法等 8 部法律，进一步加强了人权的立法保障。其中，新通过的食品安全法全方位构筑起食品安全法律屏障，为保证食品安全、保障人民身体健康和生命安全提供了新的法律依据。侵权责任法明确规定了侵害公民权益应承担侵权责任的基本原则和责任方式，进一步完善了公民人身权和财产权的法律保护制度。特别是 2009 年 3 月第十一届全国人民代表大会第三次会议作出的关于修改选举法的决定，明确规定城乡按相同人口比例选举人大代表，增加了人大代表的广泛性，更好地体现了人人平等、地区平等和民族平等,进一步完善了选举制度,扩大了人民民主权利。截至目前,中国现行有效的法律234件、行政法规690多件、地方性法规8800多件,已基本形成了以宪法为核心的法律体系和人权保障法律制度。

全国人大及其常委会有效行使监督权,监督实效进一步增强。2009年,全国人大常委会就应对气候变化工作情况、促进就业和再就业、加强民事执行工作、加强渎职侵权检察等工作听取和审议了国务院、最高人民法院、最高人民检察院14个报告;对食品安全法、工会法等3部法律的实施情况进行了检查;开展包括保障性住房建设、教育卫生等民生工程在内的部分中央重大公共投资项目实施情况专题调研,督促有关部门依法行政,公正司法,解决好关系人民切身利益和社会普遍关注的问题。

中国共产党领导的多党合作和政治协商制度是中国的一项基本政治制度,是符合中国国情、具有鲜明中国特色的新型政党制度,在国家政治生活中发挥着重要作用。人民政协通过提案、委员视察、专题协商、专题调研、反映社情民意等方式,开展议政建言活动,履行政治协商、民主监督、参政议政职能。2009年,全国政协共提出提案5820件,经审查立案5218件;编报社情民意信息267期,反映民生方面的意见和建议 1435 条;提交关于中小企业发展、民族地区经济社会发展等方面的视察报告和考察报告 12 份,并与有关部委就视察成果的采纳和落实情况进行交流,在反馈环节上探索建立健全制度。全国政协还就"着力扩大国内需求,保持经济平稳较快发展"、"加快发展方式转变和结构调整,提高可持续发展能力"、"保障和改善民生,促进社会和谐"等重大经济与民生问题召开专题议政性常委会和专题协商会。2009 年,全国政协有关专门委员会积极为立法、执法工作建言献策,如,围绕民族区域自治法的贯彻实施深入考察调研,建议建立健全与民族区域自治法相配套的法律体系及相关政策,推动其贯彻落实;建议完善相关法律法规,明确非正常上访的法律概念以及责任主体,将信访工作纳入法制化轨道。另外,还就国务院法制办等单位送来的多部社会建设方面的法律法规草案提出了修改意见。

基层群众自治制度是保障人民群众直接行使民主权利的一项基本政治制度。2009 年,国务院出台了《关于加强和改进村民委员会选举工作的通知》,就选举前准备工作、选举程序、选举后续工作、加强组织领导等方面提出了规范性要求,对维护村民委员会选举的公正有序、保障村民依法直接行使民主权利、发展农村基层民主具有重要意义。

2009 年,全国 12 个省份村委会和 16 个省份居委会完成了换届选举工作。目前,全国农村有村委会 60.4 万个,依法民主选举产生的村委会成员 230 多万人。国家开展村务公开,民主管理"难点村"专项治理,解决农村征地拆迁、土地承包等过程中存在的损害农民合法权益的问题。完善城乡社区服务体系,不断提高城乡社区建设的整体水平。

中国政府积极推进政务公开、健全新闻发言人制度和相关信息公开制度,依法促进公民享有更多的知情权、监督权和参与公共事务的权利。2004 年《全面推进依法行政实施纲要》颁布实施以来,依法行政工作取得重大进展。中国政府更加注重有关社会管理和公共服务的立法,更加注重公众参与和专家论证,行政决策的科学化、民主化、法治化水平不断提高。进一步规范执法行为,大力推进行政执法责任制。2009 年,各级人民政府部门认真贯彻落实《政府信息公开条例》,进一步丰富行政机关的政府信息公开平台。各级政府新闻发布会制度进一步健全。2009 年,国务院新闻办公室、各部委各部门以及各省(自治区、直辖市)举办了 1646 场新闻发布会。中国媒体与网民积极参与公共政策讨论并对政府行为进行监督与批评。2010 年 3 月,财政部等 8 个中央单位先后在各自网站上公布了本年度财政预算,改变了传统上行政部门财政的运作方式,公众对此反响热烈,认为这一举措是中国向政治文明迈进的重要一步。

中国政府支持企事业单位完善以职工代表大会为基本形式的企事业单位民主管理制度,推进厂务公开,支持职工参与管理,维护职工合法权益。截至 2009 年底,全国已有 22 个省(自治区、直辖市)颁布了 27 个厂务公开、民主管理方面的地方性法规。截至 2009 年 9 月底,已建工会、实行厂务公开制度的企事业单位有 175.2 万个,覆盖职工 12751.2 万人;实行职工代表大会制度的企事业单位 183.9 万个,覆盖职工 13338.7 万人。全国基层工会组织达到 184.5 万个,覆盖企事业单位 395.9 万家;全国工会会员总数达到 2.263 亿人。最近五年,全国工会会员数平均每年净增 1500 万人以上,工会组建和发展会员工作创造了历史最高水平。

中国公民在互联网上的言论自由受法律保护,可以通过各种形式在网上发表言论。互联网得到广泛普及和运用,已成为人们获取各类信息和发表言论的重要途径。截至 2009 年底,中国网民人数达到 3.84 亿,互联网普及率达到 28.9%,超过世界平均水平。中国境内网站达 323 万个。

网站十分注重为网民提供发表言论的服务,约80%的网站提供电子公告服务。中国现有上百万个论坛,2.2亿个博客用户。据抽样统计,每天人们通过论坛、新闻评论、博客等渠道发表的言论达300多万条,超过66%的中国网民经常在网上发表言论,就各种话题进行讨论,充分表达思想观点和利益诉求。通过互联网了解民情、汇聚民智,成为中国政府执政为民、改进工作的新渠道。中国领导人经常上网了解公众意愿,有时直接在网上与网民交流,讨论国家大事,回答网民的问题。各级政府出台重大政策前,通过互联网征求意见已成为普遍做法。近三年来,每年通过互联网征求到的建议多达几百万条,为完善政府工作提供了有益参考。

中国政府十分重视互联网的监督作用,对人们通过互联网反映的问题,要求各级政府及时调查解决,并向公众反馈处理结果。绝大多数政府网站都公布了电子邮箱、电话号码,以便于公众反映政府工作中存在的问题,一大批通过互联网反映出来的问题得到了解决。为便于公众举报贪污腐败等问题,中央纪检监察机构和最高人民法院、最高人民检察院等开设了举报网站。

公民依法享有批评、建议、申诉、检举和控告的权利。

中国政府通过开展绿色邮政、专线电话、网上信访、信访代理等多种渠道,为人民群众反映问题、表达诉求、提出意见建议提供便利。坚持实行党政领导干部阅批群众来信、定期接待群众来访、领导包案和责任追究等制度,切实维护人民群众的合法权益。2009 年,中共中央办公厅、国务院办公厅转发《关于领导干部定期接待群众来访的意见》、《关于中央和国家机关定期组织干部下访的意见》和《关于把矛盾纠纷排查化解工作制度化的意见》三个文件,将定期接待群众来访的主体从县委书记层拓宽到各级各部门领导干部,将组织中央和国家机关干部下访规范化,把矛盾纠纷排查化解工作制度化,进一步完善信访工作法规制度体系。2009 年,全国信访总量同比下降 2.7%,连续 5 年保持了下降的态势。

三、人权的司法保障

2009 年,中国进一步完善人权的司法保障体系,执法、司法中的人权保障得到进一步加强。

中国依法惩治犯罪,保障公民的生命财产安全和其他各项人权不受侵犯。2009 年,检察机关共批准逮捕各类刑事犯罪嫌疑人 941091 人,提起公诉 1134380 人。各级人民法院审结一审刑事案件 76.7 万件,判处罪犯 99.7 万人,执结各类积案 340.7 万件,依法维护了被害人的合法权益。

公安机关坚持执法为民,出台便民利民措施进一步规范执法。2009 年 10 月,公安部制定《公安机关执法细则》,明确规定公安机关办理行政、刑事案件的具体操作规范,为防止公安机关滥用职权侵犯公民权利提供了制度保障。各地公安机关也结合实际出台了执法规范,对执法活动中的人权保护提出了明确要求。2009 年 12 月,公安部发布《关于修改〈机动车驾驶证申领和使用规定〉的决定》,进一步放宽对下肢残疾、手指残缺和听力障碍人员驾驶机动车的身体条件规定,满足了部分残疾人驾车出行的需求。2010

年6月1日起施行的《公安机关人民警察纪律条令》,是中国第一部系统规范公安机关及人民警察违纪行为的纪律处分的部门规章。其中,对体罚、虐待违法犯罪嫌疑人、被监管人员或其他工作对象的行为规定了明确的处分措施。

检察机关履行法律监督职责,切实保护公民的权利。2009年,检察机关督促侦查机关立案19466件,督促撤案6742件,决定追加逮捕21232人、追加起诉18954人,决定不批准逮捕123235人、不起诉33048人。对侦查活动中的违法情况提出纠正意见25664件次。检察机关对认为确有错误的刑事裁判提出抗诉3963件,对刑事审判活动中的违法情况提出纠正意见4035件次。坚决查办侵犯人权的职务犯罪,立案侦查涉嫌利用职权实施非法拘禁、破坏选举、报复陷害等侵犯人权的国家机关工作人员478人。

司法透明度进一步增加。2009年,最高人民法院发布《最高人民法院关于司法公开的六项规定》,将审判公开落实到审判和执行的各个环节,进一步规范裁判文书上网和庭审直播,将司法的过程和结果公开,实行新闻发布例会制度,拓展司法公开的广度和深度。颁布《人民法院工作人员处分条例》,全年共查处违纪违法人员795人,其中,移送司法机关处理137人。全年共办理群众信访30.3万件次,接待群众来访 105.5 万人次。

法律援助工作成效显著,有效维护困难群众合法权益。司法部于 2009 年 6 月部署开展"法律援助便民服务"主题活动,在全国推行十项便民措施。各地进一步扩大法律援助覆盖面,普遍将就医、就业、就学、劳动报酬、社会保障等与民生紧密相关的权益保护事项纳入法律援助补充事项范围。越来越多的地方将经济困难指标调整至最低生活保障线的 1.5 至 2 倍,努力使法律援助惠及更多困难群众。法律援助网络建设不断加强,截至 2009 年底,全国共建立省市县三级政府法律援助机构 3274 个,设立法律援助工作站 58031 个,方便了困难群众就近申请和获得法律援助。2009 年共办理法律援助案件 64 万多件,提供法律咨询 484 万多人次,有效维护了困难群众合法权益。

律师在人权的司法保护中的作用不断增强。2009 年,国家制定有关规章和规范性文件,细化了律师法的相关规定,促进律师法关于律师会见权、阅卷权、调查取证权有关规定的贯彻落实,推动律师诉讼业务的发展,为保障律师依法履行职责、在司法程序中发挥更大的作用提供有力的法律保障。据统计,2009 年,全国律师共代理各类诉讼案件 196 万余件,有效维护了当事人的合法权益,促进了司法公正。

在押人员的合法权益依法受到保护。2009年,司法部制定实施《监狱教育改造罪犯工作目标考评办法》,全面推进教育改造各项工作考核;开展"规范执法行为、提高执法水平"专题教育实践活动,着力解决执法工作中存在的问题。监狱推广罪犯每周5天劳动教育、1天课堂学习教育、1天休息的"5+1+1"的改造模式;采取措施,确保罪犯的生活水平和医疗水平与社会经济同步发展。2009年,检察机关对超期羁押提出纠正意见337人次,对监管活动中的其他违法情况提出纠正意见22268件次;会同公安机关开展全国看守所监管执法专项检查,清理发现有"牢头狱霸"行为的在押人员2207人,对其中涉嫌犯罪的123人依法提起公诉;与司法部联合开展了"清查事故隐患,促进安全监管"专项活动,着力解决安全措施、监管工作不到位等问题,切实保护了罪犯的合法权益。

人民调解制度建设进一步加强。到2009年底,全国共建立人民调解委员会82.3万多个,共有人民调解员493.8万多人。全年共调解各类纠纷767.6万余件,防止民间纠纷转化为刑事案件4.8万多件,防止民间纠纷引起自杀1.8万多人。

四、经济、社会和文化权利

2009 年,中国政府将保障人民的经济、社会和文化权利贯穿于促进经济社会平稳较快发展的全过程中,采取有效的措施积极应对国际金融危机,着力解决就业、医疗、社会保障、教育等关系人民群众切身利益的问题,取得显著成效。

劳动者的就业权受到保护。2009 年,国家安排就业资金 420 亿元,比上年增长 66.7%。全国城镇新增就业 1102 万人,下岗失业人员实现再就业 514 万人,城镇登记失业率 4.3%,应届高校毕业生就业率达到 87.4%。外出农民工总量 1.45 亿人,比上年增加 492 万人。国家直接帮助汶川灾区劳动者实现就业 18.6 万人,实现了灾区零就业家庭至少一人就业的目标。

发展职业培训,提高劳动者就业能力。2009 年,国家出台《关于实施特别职业培训计划的通知》,决定从 2009 年至 2010 年实施特别职业培训计划,重点围绕受金融危机影响的各类劳动者的就业需求,开展针对困难企业在职职工、失去工作返乡的农民工、城镇失业人员和新成长劳动力等四类群体的技能培训。2009年共组织开展职业培训2160多万人次,其中包括困难企业职工培训260多万人次、农村劳动力转移就业培训1100万人次、城镇失业人员再就业培训450万人次、劳动预备制培训240万人次以及创业培训110万人次。

劳动者合法权益依法受到保护。2009年,国家制定《关于应对当前经济形势稳定劳动关系的指导意见》,积极发挥劳动关系三方机制在保企业、保就业、保稳定中的作用。2009年,全国劳动保障监察机构共主动检查用人单位175万家,涉及劳动者9029.8万人,查处各类劳动保障违法案件43.9万件,督促用人单位为1073.7万名劳动者补签劳动合同,为593.1万名劳动者追回工资等待遇89.2亿元,督促用人单位补缴社会保险费46.4亿元。各级劳动争议仲裁机构共立案受理劳动争议案件68.4万件,案外调解17.8万件。当期审结案件比上年增加10.8%,有效维护了劳动关系的和谐。

社会保障制度进一步健全。2009年,中央财政安排社会保障基金2906亿元,比上年增长16.6%。截至2009年底,全国参加失业保险人数为12715万人,比2008年底增加 315 万人;领取失业保险金的人数为 235 万人,比 2008 年末减少 26 万人。2009 年,全国基本医疗保险总参保人数已超过 12 亿人,总体覆盖率达到 90% 以上。城镇职工医保、居民医保参保人数增加 8325 万人,参保人数超过 4 亿人。新型农村合作医疗参保人数增加 1630 万人,参合人口达到 8.33 亿人。城镇职工医保、居民医保和新农合最高支付限额基本达到当地职工平均工资、城镇居民可支配收入和农民人均纯收入的 6 倍左右,医疗费用报销比例进一步提高。国家 2008 年、2009 年共安排 509 亿元解决关闭破产国有企业退休人员医疗保险问题。2009 年,全国基本养老保险参保人数为 23550 万人,比 2008 年底增加 1659 万人,同比增长 7.6%。新型农村社会养老保险试点在全国 27 个省、自治区的 320 个县(市、区、旗)和 4 个直辖市正式启动,试点覆盖面为 11.8%,覆盖农村居民约 1.3 亿人,其中 60 周岁以上的约 1530 万人。2009 年底,全国已有超过半数省份实现了工伤保险市级统筹,绝大多数省份已建立了工伤保险储备金制度。全国工伤保险参保人数已达 14896 万人,其中农民工参保人数 5587 万人,分别比 2008 年末增加 1109 万人和 645 万人。2009 年生育保险参保人数达到 10876 万人,比上年底新增 1622 万人,全年享受生育保险待遇达 174

万人次。

公民受教育权得到保障。到 2009 年底,全国普及九年义务教育人口覆盖率达 99.7%,普及九年义务教育的县数占全国县数的 99.5%。城市小学新生中接受学前教育的比例达 96.64%,农村小学新生中接受学前教育的达 88.55%。小学学龄儿童净入学率达 99.4%,小学五年巩固率达到 99.31%,初中毛入学率达到 99%,初中三年巩固率达到 94%,高中阶段毛入学率达 79.2%。普通高校招生 639.5 万人,比上一年增加 31.8 万人,研究生招生 51.1 万人,比上一年增加 6.5 万人。

国家高度重视发展农村教育。2009 年,中央财政下达农村义务教育保障机制专项基金 587 亿元,其中公用经费资金 357 亿元、免费教科书资金 138 亿元、校舍维修改造资金 51 亿元、补助家庭经济困难寄宿生生活费资金 41 亿元。免除了全国约 1.3 亿名农村义务教育学生学杂费和教科书费,按照小学每年 500 元、初中每年 750 元的标准,对中西部地区约 1100 万名农村家庭经济困难寄宿生补助了生活费。全国所有省份农村中小学预算内公用经费都达到了小学每生每年 300 元、初中每生每年 500 元的基准定额。到 2009 年底,已完成中西部地区农村初中校舍改造工程 6063

多所,完工校舍面积 1281 多万平方米。完成农村学校远程教育网络工程投资 110 亿元,为中西部地区的 23 个省份以及新疆生产建设兵团配备教学光盘播放设备 40.2 万套、卫星教学收视系统 27.9 万套、计算机教室和多媒体设备 4.5 万套,覆盖中西部地区 36 万所农村中小学。

国家健全家庭经济困难学生资助体系。2009 年,中央财政下达中等职业学校国家助学金资金预算 92.8 亿元,资助学生约 1200 万人,占中等职业学校一、二年级学生总数的近 90%;下达中等职业学校农村家庭经济困难学生和涉农专业学生秋季学期免学费资金 24 亿元,约 440 万名学生享受免学费政策。下达中央专项彩票公益金教育助学项目资金 6 亿元,资助 60 万名普通高中学校的家庭经济困难学生。中央财政下达 70.5 亿元高校国家奖助学金资金预算,全国普通高等学校有 469.43 万人次获得国家奖助学金。全国有 24 个省份启动了生源地信用助学贷款,22 个省份发放了贷款,当年新增贷款学生人数约为 60 万人。2009 年秋季学期开学时,全国普通高校有 53.25 万名家庭经济困难新生通过"绿色通道"顺利入学,占特困新生的 95.5%,占家庭经济困难新生的 36.1%,占当年入学新生的 9.1%。

人民文化生活日益丰富。到 2009 年底,中国出版各类报纸 437 亿份,各类期刊 31 亿册,图书 70 亿册。全国共有艺术表演团体 2478 个、广播电台 251 座、电视台 272 座、广播电视台 2087 座、教育台 44 个。全国共有有线电视用户 17398 万户、有线数字电视用户 6200 万户。广播节目综合人口覆盖率达 96.3%,电视节目综合人口覆盖率为 97.2%。全年生产故事片 456 部,科教、纪录、动画和特种影片 102 部。全国共有档案馆 4035 个,已开放各类档案 7991 万卷(件)。

覆盖城乡的公共文化服务体系加快建立,服务能力和水平明显提高。2009 年,全国共有县级以上公共图书馆 2850 个,县级以上群艺馆和文化馆 3223 个,文化站 38736 个。2009 年,已有 1749 个公共博物馆实现免费开放。国家图书馆从 2009 年 2 月 7 日开始全面减免收费项目。

文化信息资源共享工程将中华优秀文化进行数字化加工整合,通过互联网、卫星、电视、手机等进行传播,实现了先进数字文化在全国范围的共建共享。到 2009 年,全国已建成各级文化共享服务网点 75.7 万个。目前实现共享的数字资源总量为 90TB,包括视频资源 70132 小时,电子图书 52691 种,电子期刊 3604 种。其中,少数民族语言视频资源 1510 小时、电子图书 1250 种,涉及藏语、蒙古语、维吾尔语、哈萨克语、朝鲜语 5 种语言。到 2009 年底,文化共享工程累计服务约 7 亿人次。

2009 年,国家投入资金 4.07 亿元援建各类全民健身工程。国家颁布的《全民健身条例》是中国第一部全面、系统规范全民健身事业发展的专门性行政法规,对全民健身管理机制,全民健身计划、活动等方面作了系统规范。条例首次在国家法规中明确规定"公民有依法参加全民健身活动的权利"。

五、少数民族的平等
权利和特殊保护

在中国,各民族公民平等地享有宪法和法律规定的全部公民权利。同时,少数民族公民又依法享有少数民族特有的权利。

国家依法保障各少数民族平等参与管理国家事务和地方事务的权利。目前,55 个少数民族都有本民族的全国人民代表大会代表和全国政治协商会议委员;人口超过 100 万的少数民族都有本民族的全国人民代表大会常务委员会委员。历届全国人民代表大会中,少数民族代表人数占全国人民代表大会代表总人数的比例均高于同期少数民族人口占全国总人口的比例。155 个民族自治地方的人民代表大会常务委员会中均有实行区域自治的民族的公民担任主任或者副主任;民族自治地方政府的主席、州长、县长或旗长均由实行区域自治的民族的公民担任。截至 2009 年,全国共有 290 多万少数民族干部,约占干部总数的 7.4%。全国公务员队伍中,少数民族约占 9.6%。

国家加大对少数民族地区发展的支持力度，少数民族人民的生活水平不断提高。近年来，国家相继制定《关于进一步促进新疆经济社会发展的若干意见》、《关于近期支持西藏经济社会发展的意见》、《关于进一步促进宁夏经济社会发展的若干意见》和《广西北部湾经济区发展规划》，有力地促进了少数民族和民族地区经济社会发展。2009年，国家投入12.4亿元少数民族发展资金加快促进少数民族地区经济社会发展。2009年，国家投入各类资金7.8亿元，累计有80%以上人口较少的民族聚居村率先达到了《扶持人口较少民族发展规划（2005—2010年）》确定的目标任务。加大兴边富民行动力度，扶持范围扩大到136个边境县和新疆生产建设兵团。2009年，国家实行新的扶贫标准，扩大覆盖范围，对民族地区农村低收入人口全面实施扶贫政策，民族地区的农村绝对贫困人口由2004年的1245万减少到2008年的770多万。2009年，民族地区基本实现了具备条件的特困村通路、通电、通电话、通广播电视；有学校、有卫生室、有安全的人畜饮用水、有安居房、有稳定解决温饱的基本农田或草场，人均粮食占有量、人均纯收入等达到国家扶贫开发纲要要求。

民族地区的公共卫生体系建设进一步加快。2004年至 2009 年,国家对民族地区的公共卫生体系建设、重点疾病防治、计划免疫、妇幼卫生、人才培养、农村合作医疗和民族医药等投入的资金累计达到 47 亿元。截至 2008 年底,民族自治地方 699 个县中有 681 个县实行了这个新制度,5 个自治区及云南、贵州、青海等 8 个民族省区实现了全面覆盖,民族地区的推进速度超过了全国总体水平。

少数民族的受教育水平不断提高。目前,民族地方已形成从幼儿教育到高等教育的完整教育体系,少数民族人口的受教育年限显著提高。少数民族地区适龄儿童入学率达到 98%。截至 2009 年底,民族自治地方的 699 个县中已有 686 个基本实现了普及九年制义务教育,基本扫除青壮年文盲的目标,剩余的 13 个县计划在 2010 年全部完成。截至 2009 年,全国共有各类民族院校 15 所,全日制在校生超过 20 万人,其中少数民族学生比例超过 60%。2009 年举办民族预科班和民族班的高校超过 300 所,招生人数达到 3.1 万人。

少数民族文化得到保护、繁荣和发展。2009 年 6 月,国务院召开"全国少数民族文化工作会议",出台了《国务院关于进一步繁荣发展少数民族文化事业的若干意见》,全面部署了当前和今后一个时期的主要任务、目标举措和保障措施,为繁荣发展少数民族文化事业提供了有力保障。

民族地区文化设施建设不断加强。"十一五"期间,国家计划通过实施乡镇综合文化站建设规划,补助中西部地区约38.57亿元,建设2.34万个乡镇综合文化站,其中补助民族8省区和新疆生产建设兵团9.13亿元左右。国家资助更新改造一大批少数民族语广播影视译制设备,先后在内蒙古、西藏、新疆等省区扶持建立10个少数民族语电影译制中心,并研发出电影译制数字化新技术。国家加大对民族地区重点文物保护单位维修保护项目和珍贵文物征集经费的支持力度。安排4亿元专项经费,用于"十一五"期间新疆20余处全国重点文物保护单位、古遗址的保护。目前,民族地区的全国重点文物保护单位已达366处,布达拉宫、丽江古城等被联合国公布为世界文化遗产。新疆维吾尔木卡姆艺术、蒙古族长调民歌、贵州侗族大歌、《格萨尔》史诗、青海热贡艺术、藏戏、新疆《玛纳斯》、蒙古族呼麦、甘肃花儿、朝鲜族农乐舞等入选联合国教科文组织"人类口头与非物质遗产代表作"。目前国家设立的4个文化生态保护实验区中有2个少数民族文化保护试验区。国家出台《关于做好少数民族特色村寨保护与发展试点工作的指导意见》,开展少数民族特色村寨保护与发展的试点工作。

2009 年,共投入 5000 万元资金专门用于 121 个少数民族特色村寨保护与发展的试点工作。

少数民族学习、使用和发展本民族语言文字的权利得到保障。国家切实保障少数民族语言文字在行政司法、新闻出版、广播影视、文化教育等各领域的使用,在普通高等学校招生入学考试中允许使用少数民族语言文字答卷。国家在民族地区推行双语教学。目前,全国共有 1 万多所学校使用 21 个民族的 29 种文字开展双语教学,在校生达 600 多万人。

六、残疾人权益

中国大力发展残疾人事业,注重解决残疾人面临的突出困难,保障残疾人各项合法权利。

国家积极完善保障残疾人权益的法律法规。2008 年 4 月 24 日修订的残疾人保障法进一步强化了残疾人权益的法律保障。2009 年,国家发布《残疾人航空运输办法》,为保障残疾人航空运输权利规定了具体措施。目前正在加快制定《无障碍建设条例》、《残疾预防和残疾人康复条例》和国家残疾分类标准。2009 年 12 月,国家修订了《机动车驾驶证申领和使用规定》,放宽了申请驾驶证的身体条件,为残疾人驾驶汽车提供了便利。2009 年,全国成立了首批 56 个残疾人法律救助工作站,直接为残疾人提供法律救助服务。

残疾人社会保障体系和服务体系得到完善。2009 年,国家制定《关于加快推进残疾人社会保障体系和服务体系建设的指导意见》,全国 30 个省、自治区、直辖市出台了加快建设残疾人社会保障体系和服务体系的实施意见。2009

年,国家新型农村社会养老保险开始试点,明确要求地方政府为农村重度残疾人等缴费困难群体代缴部分或全部最低标准的养老保险费。

残疾人康复事业得到发展。2009年,620万残疾人得到不同程度康复,2376个市辖区、县(市)开展社区康复工作,984.4万残疾人得到社区康复服务。为残疾人提供辅助器具112.2万件,其中为贫困残疾人免费发放59.8万件。国家投入贫困残疾儿童抢救性康复项目资金7.11亿元,近6万残疾儿童受益。实施"康复人才培养百千万工程",培训康复管理和技术人员2200多人、社区康复协调员近13万名。

残疾人教育事业不断发展。2009年,中国政府出台《关于进一步加快特殊教育事业发展的意见》,明确提出加快发展特殊教育,特别是加快发展以职业教育为主的残疾人高中阶段教育和高等教育,拓展了残疾人义务教育范围,针对特殊教育薄弱环节,提出完善特教经费保障机制、加强师资队伍建设、提高随班就读质量、多种形式扫除青壮年文盲等一系列措施。残疾少年儿童义务教育普及水平稳步提高。国家为78.5万人次残疾人提供职业技术培训。普通高等院校录取残疾人考生7782人。

残疾人公共服务得到加强。2009 年已建立托养机构 3474 个,托养残疾人 11 万人。国家扶持 108.5 万农村贫困残疾人脱贫,为 10.2 万户农村贫困残疾人家庭实施危房改造,受益残疾人口 14 万人。自 2009 年至 2011 年,国家每年安排 2 亿元专项资金,用于补助各地开展就业年龄段智力、精神和重度残疾人托养服务工作。2009 年新安排 35 万城镇残疾人就业,城镇残疾人就业人数达到 443.4 万,农村残疾人就业人数达到 1757 万。

残疾人文化体育生活不断丰富。2009 年,国家举办了第七届全国残疾人艺术汇演,逐级选拔选手 3 万人,直接参加汇演的演职员 4000 人。2009 年,国家颁布《全民健身条例》,明确规定保障残疾人参加健身活动和参与体育的权利。中国残疾运动员先后参加第二十一届世界听障奥运会、第九届世界冬季特奥会、英国残奥世界杯、东京亚洲青年残疾人运动会、世界轮椅和肢残人运动会等 19 项国际赛事,共夺得金牌 158 枚。举办 14 项全国残疾人体育赛事,5000 名运动员参与。特奥运动稳步发展,特奥运动员达到 90 万人。

残疾人参与社会生活的环境不断改善。中央人民政府门户网站设立"残疾人服务"专栏,创建国家级盲人数字图书馆。无障碍建设取得新进展,100个城市开展创建全国无障碍建设城市工作,积极推进主要街道和商场、医院、宾馆、影剧院、博物馆、机场、车站等公共建筑物及居民住宅无障碍建设和改造,为残疾人走出家门,充分参与社会生活创造了条件。政府和社会各界大力弘扬人道主义,倡导理解、尊重、关心、帮助残疾人的良好社会风尚。

七、人权领域的对外
交流与合作

中国积极开展国际人权交流与合作，努力推动国际人权事业健康发展。

中国积极参与联合国人权机构工作，发挥建设性作用，推动各国以公正、客观和非选择性方式处理人权问题。

2009 年 2 月，中国首次接受人权理事会国别人权审查。在审议中，中国以严肃和高度负责的态度全面介绍中国人权事业的发展、面临的挑战和努力目标，与各国进行了开放、坦诚的对话。中国在人权领域作出的努力和取得的进步受到许多国家的肯定，人权理事会全会于 2009 年 6 月核可了审议中国的报告。2009 年，中国代表团出席了第六十四届联合国大会第三委员会会议、联合国人权理事会第十、十一、十二次会议，参与了人权理事会第四、五、六轮国别人权审查。中国专家出席了人权理事会咨询委员会第二、三次会议和人权理事会来文工作组第四、五次会议。中国积极参与了 2009 年 4 月召开的联合国反对种族主义世界大会审议会议。在上述机构和会议中,中国维护《联合国宪章》的宗旨和原则,认真履行职责,积极参加有关人权议题的审议和讨论。

中国政府高度重视国际人权文书在促进和保护人权方面发挥的重要作用,已加入包括《经济、社会及文化权利国际公约》在内的 25 项国际人权公约,并积极为批准《公民权利和政治权利国际公约》创造条件。中国政府采取措施履行已参加的国际人权条约的义务。2009 年,中国着手撰写《经济、社会及文化权利国际公约》第二次履约报告、《儿童权利公约》第三、四次合并报告及《儿童权利公约关于儿童卷入武装冲突问题的任择议定书》、《残疾人权利公约》的首次报告。2009 年 8 月,中国接受联合国消除种族歧视委员会对中国履行《消除一切形式种族歧视国际公约》第十至十三次合并报告的审议,委员会审议结论肯定了中国政府在发展民族地区经济、扶持人口较少民族发展、提高人民生活水平、促进医疗卫生和教育事业、保护少数民族文化等方面的政策、举措和成就。

中国政府积极参与国际人权文书的制定工作。2009 年,中国政府派团参加了《儿童权利公约》来文申诉机制任择议定书制定工作组会议,中国积极推荐专家参与人权条约机构的工作。2009 年,中国专家当选首届联合国残疾人权利委员会副主席,连任联合国禁止酷刑委员会委员。

中国积极开展人权领域的国际合作。中国重视与联合国人权事务高级专员办公室开展技术合作,自 2000 年中国与高专办签署《合作谅解备忘录》以来,双方在相互尊重的基础上,开展了一系列人权合作项目。中国积极支持高专办的工作,2009 年再次向高专办捐款 2 万美元。中国重视联合国人权特别机制在国际人权领域的重要作用,与其保持着良好的合作关系。中国政府本着负责任的态度答复联合国人权特别机制的每一封来函。中国政府已向人权理事会粮食权特别报告员发出访华邀请。中国继续与联合国儿童基金会驻华代表处就联合国儿童权利委员会审议中国报告结论后续工作开展合作,2009 年举办了"《儿童权利公约》及其国内实施"国际研讨会和"《儿童权利公约》履约报告"研讨会。

中国坚持在平等和相互尊重的基础上与有关国家开展双边人权对话与交流。2009 年,中国分别与欧盟、英国、荷兰、澳大利亚、挪威等举行了人权对话或磋商,与俄罗斯、老挝等国家进行了交流。通过对话与交流,增进了中国与其他国家在人权问题上的相互了解,减少了分歧,扩大了共识。

　　充分实现人权是中国全面建设小康社会、构建社会主义和谐社会的重要目标。中国将与国际社会一道，一如既往地为促进中国人权事业的不断进步和国际人权事业的健康发展，为建设持久和平、共同繁荣的和谐世界作出不懈的努力和贡献。

图书在版编目(CIP)数据

2009 年中国人权事业的进展/中华人民共和国国务院新闻办公室.
　-北京:人民出版社,2010.9
ISBN 978－7－01－009305－5

Ⅰ.①2…　Ⅱ.①中…　Ⅲ.①人权-问题-进展-中国-2009　Ⅳ.①D621.5

中国版本图书馆 CIP 数据核字(2010)第 188596 号

2009 年中国人权事业的进展

2009 NIAN ZHONGGUO RENQUAN SHIYE DE JINZHAN

(2010 年 9 月)

中华人民共和国国务院新闻办公室

人民出版社 出版发行
(100706　北京朝阳门内大街 166 号)

环球印刷(北京)有限公司印刷　新华书店经销

2010 年 9 月第 1 版　2010 年 9 月北京第 1 次印刷
开本:787 毫米×1092 毫米 1/16　印张:2.75
字数:20 千字　印数:0,001—6,000 册

ISBN 978－7－01－009305－5　定价:12.00 元

邮购地址 100706　北京朝阳门内大街 166 号
人民东方图书销售中心　电话 (010)65250042　65289539